Der Gemüsegarten

Fruchtgemüse, Blattgemüse und Zwiebelgemüse

Inhalt

Vorwort

Meldungen über Krisen machen täglich die Runde. Stress im Berufsleben, negative Erfahrungen im Privatbereich und krankmachende Belastungen durch die Umwelt sind die häufigsten Ursachen gesundheitlicher Störungen. Wie wichtig ist es da geworden, einen Rückzugsort für die Seele zu haben, einen Platz an dem man durch Selbstbesinnung und Meditation zurückfindet zur inneren Ruhe. An dem man durch die alles erneuernde Kraft der Natur lernt, selber auch wieder neue Kraft zu schöpfen.

Durch Überlieferungen wissen wir, dass es seit Menschengedenken – ja selbst seit Adam und Eva – einen zentralen Punkt in unserer unmittelbaren Umgebung und Erlebnissphäre gibt, der das alles erfüllt: Unser Garten.

Sei es nun der große Garten, der unser Haus umschließt, der kleine Vorgarten oder das Blumenbeet, das unseren Eingang säumt – der Balkon-, Terrassen- oder Zimmergarten, der unsere Wohnung ziert, eines haben sie alle gemein: sie sind der wichtigste Lebensraum, den die Natur für uns bereithält, eine Oase im Alltag, eine eigene ganz private Welt, um durchzuatmen, abzuschalten und mit allen Sinnen zu genießen.

Garten ist der Inbegriff von Lust und Freude – und das bedeutet Glücklichsein. Wer dieses Hobby für sich entdeckt hat und ständig erlebt, welche Freude es bereitet, aufkeimende Saat wachsen zu sehen um am Ende die Früchte seiner Arbeit ernten zu können, hat ihn gefunden, den Weg zum Glücklichsein. Der Ratgeber, den sie hier in Händen halten, ist Teil einer mehrbändigen Reihe einzelner Themen. Er soll ihnen dabei helfen, dieses Glück zu erleben.

Meinem verlegerischen Entschluss, ein solch umfangreiches Kompendium herauszugeben, ging die erklärte Absicht voraus, das sehr weit reichende und umfassende Gebiet der Blumen- und Gartenpraxis in einer Vielzahl von einzelnen Themenbüchern darzubieten. Dem Leser sollte somit die Möglichkeit geboten werden, sich ausschließlich mit den Inhalten befassen zu können, die ihn interessieren und mit denen er sich gezielt auseinandersetzen möchte. Dass dies in einer preiswerten Form möglich sein musste, die gleichzeitig zum Sammeln der Bände motiviert, war für mich eine weitere Maxime.

Ich wünsche ihnen viel Freude an diesem Ratgeber und viel Erfüllung bei der Gartenarbeit,

Ihr

Siegfried Lapawa

Frucht-gemüse

Neben Tomaten, Paprika und Zucchini bieten die Fruchtgemüse eine riesige Auswahl an Arten und Sorten.

Tomaten aus dem Garten

Cocktailtomaten

Ohne „Paradiesäpfel“, wie Tomaten früher hießen, müsste auf viele Speisen verzichtet werden. Vor allem sind italienische Gerichte wie Pizza und Pasta undenkbar. Im Winter werden sie sogar aus südlichen Ländern eingeflogen. Am besten schmecken Tomaten aber frisch aus dem eigenen Garten.

Die Anzucht von Jungpflanzen sollte rechtzeitig beginnen. Bereits im März, wenn die Tage spürbar länger werden, ist es Zeit zur Aussaat. Saatgut gibt es in vielen Sorten in Gartenmärkten. Es lohnt sich, verschiedene Sorten zu kultivieren. Dadurch vergrößert sich das Angebot an unterschiedlichen Früchten. Zudem lässt sich die Erntezeit verlängern. Neben alten bewährten Sorten ist es möglich, neue Züchtungen zu testen. Zu empfehlen sind vor allem solche Züchtungen, die eine gewisse Resistenz gegen die Krautfäule haben. Diese Pilzkrankheit kann erhebliche Probleme machen und völlige Ausfälle zur Folge haben. Als recht widerstandsfähig haben sich die kleinen Cocktailtomaten gezeigt, die nahe mit den Wildtomaten verwandt sind. Obwohl auch sie nicht verschont bleiben, greift die Krankheit doch erst verhältnismäßig spät auf diese Sorten über. Zu den großfrüchtigen Züchtungen, die weniger anfällig sind, gehören: „Pyros“, „Verano“, „Hilmar“ und „Master“. Völlig resistente Züchtungen gibt es leider noch nicht.

Lange Anzuchtzeit

Nach der Auswahl der Sorten und der Aussaat in Schalen mit lockerem Substrat gehen die feinen Samen in einem warmen Zimmer in weni-

Cocktailtomaten

gen Tagen auf. Nach der Keimung brauchen die Sämlinge viel Licht. Falls nötig muss der Fensterplatz bei trübem Wetter zusätzlich mit einer Pflanzenleuchte künstlich versorgt werden. Dazu eignen sich auch gewöhnliche Energiesparlampen, die nahe an die Saatgefäße heran gebracht werden.

Sobald sich kräftige Pflänzchen entwickelt haben, ist es Zeit zum Pikieren (vereinzeln). Dazu dienen kleine Töpfe mit nährstoffreichem Pflanzsubstrat. Nach dem Topfen sind die Sämlinge vor allem auf viel Licht und Wärme angewiesen. An milden Tagen kommt den Jungpflanzen ein Aufenthalt im Freien sehr zugute. Abgehärtete Tomatenpflänzchen sind wesentlich stabiler als verwöhnte. Natürlich macht das Aus- und Einräumen Mühe. Die Anzuchtgefäße dürfen nicht im Freien vergessen werden, sonst macht eine Spätfrostnacht den ganzen Jungpflanzenbestand zunichte. Damit sie zügig aufwachsen, brauchen die kleinen Tomatensämlinge außer Licht, Luft und Wärme reichlich Wasser und Nährstoffe. Bei Bedarf bekommen sie größere Töpfe mit frischer Erde.

Auspflanzen

Erst im Mai, wenn keine Fröste mehr drohen, ist es dann Zeit zum Auspflanzen in den Garten. Tomaten brauchen auch weiterhin viel Licht und geschützte, aber luftige Plätze. Der Boden sollte locker und tiefgründig sein. Anders als die meisten Gemüse können Tomaten jedes Jahr am selben Ort kultiviert werden. Ein Fruchtwechsel ist normalerweise nicht nötig. Nur bei einem Befall durch die Krautfäule ist ein Standortwechsel in ausreichende Entfernung nicht zu umgehen. Es dauert einige Jahre bis die Pilzsporen im Boden abgestorben sind. Zu vermeiden ist eine Mischpflanzung mit anderen Nachtschattengewächsen. Insbesondere sollten Tomaten nicht direkt neben Kartoffeln stehen. Beide Pflanzen werden von der Krautfäule befallen. Günstig wirken sich Küchenkräuter als Partner aus. Eine pilzabwehrende Wirkung kann Knoblauch haben. Ebenfalls förderlich ist eine Nachbarschaft mit Kopfsalat, Radieschen, Kohlarten, Petersilie, Sellerie, Spinat oder Kapuzinerkresse.

Pflanz- und Pflegeplan	
Februar/März	*Aussaat*
März/April	*vereinzeln/topfen*
April	*Pflanzung unter Glas*
Mai	*auspflanzen ins Freiland*
Juni bis Oktober	*reichlich bewässern und düngen*
ab Juli	*regelmäßig durchpflücken*

Kultur unter Glas

Obwohl die feinen Faserwurzeln der Tomaten viel Wasser brauchen, sollten die Blätter keine Feuchtigkeit abbekommen. Zum Schutz vor Regen haben sich Kunststoffhauben bewährt. Besser ist es, bereits im Frühjahr unter Glas zu pflanzen oder wasserabweisende Unterstände zu schaffen. Am einfachsten gelingt dies mit Hilfe von Frühbeetfenstern, die auf Holzpflöcke oder einen Metallrahmen aufgebockt werden. Die Glasdächer halten Regen ab, machen aber die Durchlüftung ungehindert möglich. Bei der Kultur im Gewächshaus ist ebenso für eine gute Durchlüftung zu sorgen. Recht praktisch sind automatische Fensterheber, die auch einen Hitzestau verhindern helfen. Diese kleinen Geräte arbeiten zuverlässig und wartungsfrei. Bei manchen Gebäuden ist die Entfernung der Seitenverglasung leicht möglich. Bei exklusiven Kleinglashäusern können die Seitenwände bei Bedarf sogar hochgeklappt werden.

Stabtomaten unter Glas

Pflege

Schon nach der Pflanzung bekommen die jungen Tomaten Stützstäbe. Das können selbstgemachte Holzpfähle sein oder spezielle Tomatenstäbe aus dem Gartenhandel. Im Gewächshaus ist das Auflenken auch mit Schnüren möglich, die am Dach befestigt werden. Wichtig ist, dass die Stützen langfristig den nötigen Halt geben. Immerhin müssen sie im Sommer der Last der Früchte standhalten. Bis dahin werden die Pflanzen immer wieder aufgebunden oder bei Wendelstäben und Schnüren nach oben gerichtet. Bei der Gelegenheit lassen sich die jungen Geiztriebe ausknipsen, die sich immer wieder aus den Blattachseln entwickeln. Das sollte rechtzeitig geschehen, solange die störenden Seitentriebe noch jung und weich sind. Zudem ist es für die Gesunderhaltung förderlich, die bodennahen Blätter zu entfernen. Sie werden sonst leicht durch Spritzwasser von schädlichen Bodenpilzen befallen. Die Wasserversorgung lässt sich durch Töpfe erleichtern, die schon beim Pflanzen in den Boden eingesenkt werden. Jedenfalls sollte der Wurzelraum immer gut durchfeuchtet sein. Wassermangel verursacht rissige Früchte.

Frische Früchte bis zum Herbst

Bei einer Pflanzung kräftiger, blühfähiger Sämlinge im Mai und einer optimalen Versorgung reifen etwa Ende Juni schon die ersten Früchte. Regelmäßiges Durchpflücken fördert die Blüten- und Fruchtbildung. Bei gutem Wetter gibt es bis in den Herbst hinein ständig frische Früchte. Besonders ertragreich sind übrigens

Sorten (Auswahl)	Besonderheiten
Roma	*Leuchtend rot, eiförmig, fest*
Ananastomate	*Rotgesternt, gelb-orange, innen orange-dunkelrot marmoriert, wohlschmeckend*
Gelbe Riesen-fleischtomate	*Sehr große Früchte, vollfleischig, kaum gerippt, guter Geschmack*
Mr. Brown	*Schöne dunkelbraune, große Fleischtomate, würzig und sehr saftig, mittlerer Ertrag*
Striped German	*Bis 1 kg schwer, aromatisch, kernarm, fleischig, rot-gelb marmoriert, entdeckt bei deutschen Einwanderern in West Virginia*
Weiße Schönheit	*Große, gelblichweiße Früchte mit zartem Honigaroma, später Fruchtansatz, geringer Ertrag*
Old German	*Früchte über 500 g schwer, orange mit rotem Stern an der Spitze, süß-aromatisch, in Virginia bei Mennoniten entdeckt*
Black Plum	*Hühnereigroße, braunrote längliche Früchte, saftig, sehr wohlschmeckend, pilztolerant*
Elbe	*Kartoffelblättrig, mittelgroß, gelb-orange, flachrund, alte deutsche Sorte*
Gelbe Obsttomate	*Typische runde gelbe kleinfrüchtige Stabtomate*
Giraffe	*Orange-gelb, rosa Fruchtfleisch, ertragreich, lange lagerfähig*
Green Bell Pepper	*Kantige, grüngelbe Früchte mit grünen Streifen, würzig-aromatisch*
Green Zebra	*Gelbgrün mit dunklen Streifen, hellgrünes saftiges Fleisch, schmeckt gut*
Matina	*Sehr früh, feiner Geschmack, hoher Ertrag, gleichmäßige Früchte, kartoffelblättrig*
Nectarine	*Ungewöhnlich pink-rot glänzende, flachrunde Tomate mit wachsartiger Schale*

Sorten (Auswahl)	Besonderheiten
Orange Queen	*Orange, aromatische, saftige Früchte, ertragreich*
Randuja-Tomate	*Leicht schälbare, fleischfarbene, herzförmige Früchte, ideal für Suppengerichte*
Royal De Guineaux	*Rote, große Früchte*
Yellow Plum	*Hellgelbe, größere, attraktive, flaschenförmige Früchte*
Striped Roman	*Neuzucht, rot-orange-gelb gestreifte und gefleckte, gut schmeckende Flaschentomate mit Spitze. Eine Augenweide!*
Tigerella	*Rot-orange gestreift, früh, würziger süßsaurer Geschmack, gute Erträge, beliebt*
Weißbehaarte	*Mittelgroße, flaumige Tomate, wohlschmeckend*
Weißrussische	*Typische, rote wohlschmeckende Tomatenfrüchte; schwache Nebentriebbildung, gleichmäßiger Fruchtansatz, ertragreich, pilztolerant*
Rote birnförmige Wildtomate	*Sehr wüchsige, aromatische Sorte mit kleinen birnförmigen Früchten; äußerst wohlschmeckend, jedoch nur geringer Ertrag*
Celsior	*Viele rote tropfenförmige Früchte*
Sub arctic Plenty	*Früh, wohlschmeckend, reifen im August ziemlich gleichmäßig ab, determinativ, kältetolerant*
Siberia	*Sehr frühe Buschtomate, mittelgroß, guter Ertrag, kältetolerant, fruchtet bereits ab 5 ° C, gezüchtet für Alaska*
Pinkfarbene Buschtomate	*Hängende, niederliegende, extrem vieltragende Sorte mit pinkfarbenen, später roten runden, taubeneigroßen Früchten*

Quelle: Sortenliste von der Uni Bonn

Tomaten, Blüten

die kleinen Cocktailtomaten. Von gesunden Pflanzen lassen sich fast täglich etliche Früchte pflücken. Wenn es während der Haupterntezeit im Sommer zu viele Früchte gibt, kann man sie für den Winter konservieren. Nach dem Köcheln in einem großen Topf werden die weichen Tomaten durch ein Sieb pürriert. Hier bleiben dann die Kerne und Schalen zurück. Der Tomatensaft kann durch weiteres Köcheln eingedickt oder direkt in Gläsern konserviert werden.

Topftomaten

Kleine Züchtungen eignen sich vorzüglich als nützliche Zierpflanzen. Sie lassen sich zusammen mit anderen Gemüsen und Sommerblumen in Balkonkästen und Kübeln kultivieren. Selbst gewöhnliche Stabtomaten gedeihen in Pflanzgefäßen. Sie brauchen aber ausreichend Wurzelraum. Sehr gut haben sich Mörtelwannen als Pflanzbehälter bewährt. In diesen 50 l fassenden Kunststoffkübeln entwickeln sich die Tomatenpflanzen genauso gut wie im Garten.

Tomatensorten mixen

Es lohnt sich, neben altbewährten Sorten auch neue Züchtungen zu probieren. Die Pflanzung verschiedener Tomatensorten verlängert die Erntezeit, verhindert Totalausfälle durch Krankheiten und bringt verschiedene Früchte. Die Züchter haben eine Fülle an verschiedenen Sorten selektiert, von denen Saatgut zu bekommen ist. Das Angebot reicht von der altbewährten „Roma“, über gelbe Fleischtomaten, bis zu den bereits angesprochenen kleinen Cocktailtomaten, die nahe mit den Wildformen verwandt sind. Spezialisten unter den Tomatenzüchtern bieten

Stabtomaten

Tomatensorte Beaute Blache

bis zu 400 Sorten an, während sich die Auswahl in den Gemüseläden auf 10 bis maximal 20 unterschiedliche Sorten beschränkt.

Biotomaten aus eigenem Anbau

Der Tomatenanbau im eigenen Garten macht den Test solcher Sorten möglich, von denen keine Früchte im Handel erhältlich sind. So zeichnen sich beispielsweise die kleinfrüchtigen Züchtungen durch einen besonderen Geschmack aus. Der eigene Anbau garantiert außerdem biologische Erzeugnisse, wenn auf Spritzmittel und Kunstdünger verzichtet wird. Der Befall der so genannten Welkekrankheit oder Braunfäule ist von Jahr zu Jahr verschieden heftig und bei den Sorten unterschiedlich stark ausgeprägt. Mittlerweile gibt es einige Züchtungen, die sich als einigermaßen resistent gegen diese Krankheit gezeigt haben. Darauf wird auf den Samentüten hingewiesen.

Pflanzentausch

Wenn die Tomatenanzucht in nachbarschaftlicher Absprache erfolgt, lässt sich die Vielfalt vergrößern. Jeder Teilnehmer ist für die Vermehrung einiger vorher ausgewählter Sorten zuständig. Zur Pflanzzeit steht dann ein großes Sortiment an Jungpflanzen zur Verfügung, das verteilt wird. Dieser Pflanzentausch macht auch Vergleiche in der Anbau- und Pflegemethode sichtbar, zumal die Pflanzen unter anderen Umständen aufwachsen. So ist beispielsweise zu erkennen unter welchen Lichtverhältnissen oder bei welcher Nährstoffversorgung die Pflanzen bestimmter Sorten am besten gedeihen.

Tomatenanbau Schritt für Schritt

Fleischtomaten (Lycopersicum)

1. Besorgen Sie rechtzeitig Saatgut von verschiedenen Sorten. Bereiten Sie dann im zeitigen Frühjahr einen hellen Fensterplatz für die Anzucht vor. Die Keimtemperatur muss mindestens 20 °C betragen. Ideal ist ein Platz über einem Heizkörper. Falls nötig lassen sich kalte Marmorbänke mit einer Styroporplatte isolieren.

2. Zur Aussaat eignen sich vorzugsweise flache Schalen. Das können spezielle Pikierkisten sein oder gebrauchte Lebensmittelbehälter. Die Aussaat erfolgt in spezielle Aussaaterde, die feinfaserig und keimfrei ist. Streuen Sie nun das feine Saatgut gleichmäßig auf der Erde aus und bedecken Sie es mit einer dünnen Schicht Erde. Drücken Sie die Saat dann mit dem Fingerrücken oder einem Hölzchen fest.

3. Stellen Sie die Anzuchtgefäße auf den Fensterplatz und besprühen Sie die Erde mit temperiertem Wasser. Sie muss gut durchtränkt sein. Halten Sie die Saat die nächsten Tage stets feucht. Vermeiden Sie aber Staunässe.

4. Ungefähr nach einer Woche spitzen die ersten Keimlinge aus der Erde. Sie brauchen jetzt viel Licht. Falls nötig bekommen sie eine Zusatzbeleuchtung. Dazu eignet sich eine gewöhnliche Energiesparlampe, die möglichst nahe an den Pflänzchen befestigt wird (z. B. mit einer Schreibtischleuchte).

Frucht aufgeschnitten

5. Sobald sich nach den Keimblättern die ersten richtigen Blätter gebildet haben, ist es Zeit zum Pikieren (Vereinzeln). Dazu lösen Sie die Pflänzchen z. B. mit einer Gabel aus der Erde und setzen sie einzeln in kleine Töpfe mit gedüngter Anzuchterde um.

6. Jetzt brauchen die jungen Tomatenpflanzen viel Licht und Wasser, damit sich bis zur Pflanzzeit kräftige Exemplare bilden. Im Gewächshaus ist die Pflanzung bereits im April möglich. Balkontomaten lassen sich bei mildem Wetter ebenfalls schon im April ausquartieren. Bei Nachtfrostgefahr ist jedoch eine Umstellung ins Haus nötig. Freilandtomaten nehmen ihren Platz erst Mitte Mai ein, wenn keine Fröste mehr zu erwarten sind, oder sie erhalten bei früherer Pflanzung notfalls einen Schutz mit Folienhauben.

Widerstandsfähige Sorten gegen Kraut- und Braunfäule

„De Berao“, „Estrella F1“, „Myrto F1“, „Tigerella“, „Vitella F1“, „White Wonder“

Tomaten (Lycopersicum)

Köstlichkeiten aus Tomaten – rot, rund und gesund

Lycopersicon esculentum, Tomaten

Ohne die vielen ursprünglich exotischen Gemüse wäre die heimische Küche erheblich ärmer. Angefangen bei den Artischocken bis hin zu den Zucchini bereichern diese Früchte täglich den Speiseplan. Bei vielen Gerichten sind Tomaten unverzichtbar.

Am besten schmecken die roten Kugeln frisch gepflückt. Wer im Frühjahr rechtzeitig verschiedene Sorten gepflanzt hat, kann sich den ganzen Sommer hindurch auf reife Tomaten aus dem eigenen Garten freuen. Selbstverständlich sind die Früchte auch im Handel erhältlich oder bei Gemüsebauern in der Region, die oft mit einem großen Sortiment auch an Bioware aufwarten.

Die leuchtend roten Früchte sind eine Freude für die Augen und durch ihren süß-sauren Geschmack zugleich eine Gaumenfreude. Die Zubereitung ist vielfältig möglich. Tomaten lassen sich vorzüglich mit weißem Käse, insbesondere mit Mozzarella anrichten. Dazu passen saftig grüne Basilikumblätter, die mit ihrem würzigen

Geschmack das Käse-Gemüse-Gericht abrunden. Wer es schärfer mag, kann Tomatenscheiben gut mit Zwiebelringen, Essig, Öl, Salz und Pfeffer zu einem Salat vermischen. Dazu passt ein Bauernbrot mit frischer Butter. Unverzichtbar sind Tomaten in der mediterranen Küche. Sie prägen den Geschmack jeder Pizza und gehören zu klassischen Nudelgerichten.

Die Fülle verwerten

Wenn die Pflanzen mehr Früchte entwickeln als für den täglichen Bedarf in der Küche benötigt wird, bieten sich viele Möglichkeiten zur Konservierung. Tomaten lassen sich ganz, in flüssiger Form oder getrocknet haltbar machen. Tomatensaft, Tomatenstücke, Tomatenketchup, Tomatenmark und viele andere Variationen sind jederzeit, aber vor allem im Winter willkommen, wenn es keine frischen Früchte mehr aus dem Garten gibt. Die Herstellung ist im Vergleich mit einigen anderen Gartengemüsen einfach, zumal sich die weichen Früchte mühelos und ohne besondere Geräte zerkleinern oder entsaften lassen.

Zum Einkochen leistet ein Weck-Automat gute Dienste. Mit diesem speziellen Kochtopf und der entsprechenden Methode können beispielweise ganze ungeschälte Tomaten auf einfache Weise haltbar gemacht werden. Die gewaschenen und vom Kelch befreiten Früchte kommen in die Einkochgläser. Nach dem Aufgießen mit abgekochtem, warmem Wasser, das leicht gesalzen ist, werden die Gläser 30 Minuten bei 90 °C eingekocht. Die Früchte stehen dann mindestens bis zur Ernte im nächsten Jahr zur Verfügung. Je nach Geschmack ist die Verfeinerung mit Gewürzen wie Liebstöckel, Thymian, Dill und anderen Arten oder mit Gewürz-Mischungen möglich.

Kind mit Tomaten

Inhaltsstoffe der Tomate	
Mineralstoffe	*Calcium, Kalium, Magnesium, Phosphor, Schwefel, Chlor*
Spurenelemente	*Eisen, Zink, Kupfer, Mangan; Fluor, Jod*
Vitamine	*Vitamin A, Vitamin C, Vitamin E, Vitamine B1, B2, B3, B5, B6, B7, B9, Riboflavin, Tocopherol*
Kohlenhydrate	*Stärke, Fructose, Glucose, Monosaccharide, Saccharose, Disaccharide*
Ballaststoffe	*u.a. Cellulose, wasserlösliche und wasserunlösliche Ballaststoffe*
Fett	*ca. 0,2 g (pro 100 g), u.a. ungesättigte Fettsäuren, Linolsäure, kein Cholesterin*
Eiweiß	*u.a. Aminosäuren, nur 3 mg Purine (pro 100 g), 10 mg Harnsäure (pro 100 g)*

Rezepte mit Tomaten

Tomaten mit Mozzarella

Tomatenmark

Tomaten in Stücke schneiden, in einen Kochtopf geben, erhitzen und bei ständigem Rühren zu einen Brei kochen. Den Brei durch ein Tuch gießen, das über eine Schüssel gespannt ist. Den Saft sofort verwerten oder einkochen. Den entsafteten Brei durch ein Sieb streichen. Das Mark in Gläser füllen und 20 Minuten bei 90 °C einkochen.

Ketchup

Das Tomatenmark im Verhältnis 4 : 3 mit Essig aufgießen (auf 4 Teile Mark 3 Teile Essig) und mit Salz, Piment, Muskatnuss und Nelken würzen, gut vermengen. Nach dem Aufkochen in Flaschen oder Gläser füllen und 20 Minuten bei 90°C einkochen.

Tomatensuppe
für 4 Personen

1 kg Tomaten, 1 große Zwiebel, 2 Knoblauchzehen, Öl zum Dünsten, 750 ml Fleisch- oder Gemüsebrühe, 2 Esslöffel Tomatenmark, Salz, Pfeffer, Gewürze (Basilikum, Thymian, Majoran u. a. je nach Geschmack), saure Sahne.

Knoblauch und Zwiebeln klein hacken und in Öl dünsten. Tomaten und Gewürze dazu geben und 15 Minuten abgedeckt köcheln lassen. Mit der erhitzten Brühe aufgießen und aufkochen. Durch ein Sieb streichen, nochmals erhitzen und Tomatenmark unterrühren. Nach dem Abschmecken mit saurer Sahne servieren.

Tomaten trocknen

Reife Tomaten enthäuten, aushöhlen und vierteln. Mit der Außenseite auf ein Backblech mit Backpapier legen. Mit Salz, Pfeffer und Thymian würzen. Möglichst eng schichten, damit sich die Trocknung lohnt. Bei 80 °C ca. 3 Stunden trocknen. Backofen einen Spalt weit offen lassen. Die Tomatenstücke sind gar, wenn sie sich ledrig, aber noch nicht hart anfühlen. In ein Glas füllen und mit Olivenöl aufgießen. Im Kühlschrank aufbewahren.

TIPP

Bei einer Schönwetterperiode ist die Trocknung auch im Freien möglich. Die Trockenzeit dauert je nach Sorte 5 bis 7 Tage. Die geviertelten Tomatenstücke werden dazu auf Bleche mit Papier oder auf Kartons gelegt und in direkter Sonne zum Trocknen ins Freie gestellt. Zum Schutz vor Insekten mit Gaze oder feinem Netz bespannen. Jeweils am Abend ins Haus holen.

Grilltomaten

4 Tomaten, 1 große Zwiebel, 1 Knoblauchzehe, 150 g Mozzarella, Olivenöl, Salz, Pfeffer und weitere Gewürze nach Geschmack.

Zwiebel und Knoblauch hacken und in Öl dünsten. Tomaten aufschneiden, Deckel abnehmen und aushöhlen. Fruchtfleisch zusammen mit Zwiebel und Knoblauch in eine Schale geben. Mozzarella klein schneiden und mit dem Gemüse vermischen. Nach dem Würzen und Abschmecken in die Tomaten füllen. Deckel auflegen und gefüllte Tomaten in Alufolie wickeln. Etwa 10 Minuten bei mehrmaligem Umdrehen grillen.

Getrocknete Tomaten

Nachtschattengewächse

Weihenstephan Capsicum, Paprika im Gewächshaus

Paprika
Capsicum annuum

Dieses Nachtschattengewächs braucht sehr viel Wärme und gut gedüngten Boden. Nach der Pflanzung im Mai dauert es sehr lange bis sich Früchte entwickeln. Bis dahin muss reichlich gegossen werden, insbesondere unter Glas.

Aubergine
Solanum melongena

Dieses mit der Tomate verwandte Nachtschattengewächs braucht viel Wärme. Am besten gedeihen Auberginen unter Glas oder Folie, insbesondere auf gut gedüngtem Boden z. B. im Mistbeet. Wie bei Tomaten kneift man die Seitentriebe aus und lässt nur einen Haupttrieb stehen. Damit sich große Früchte entwickeln, bleiben nur etwa 5 Blüten erhalten, sobald sie befruchtet sind.

Solanum melongena

Capsicum annuum, Paprika

Kürbisgewächse

Kürbisse

Gurke
Cucumis sativus

Gurken nach Befruchtung

Dieses tropische Fruchtgemüse braucht vor allem viel Wärme und einen Regenschutz. Sowohl beim Freiland- als auch beim Glashaus-Anbau sind mehltauresistente Sorten zu wählen oder Pflanzen, die auf den Feigenblattkürbis veredelt sind. Beim Gießen sollten die Blätter trocken bleiben. Schlangengurken brauchen eine Kletterhilfe (z. B. Schnüre). Auch den Beetgurken bekommt ein Klettergerüst wie z. B. Baustahlgewebe gut. Hier wachsen sie luftig und lassen sich leicht abernten. Regelmäßiges Durchpflücken lohnt sich, damit sich neue Früchte bilden.

Kürbisse – kugelrund und gesund

Wie viele Fruchtgemüse haben auch die Kürbisse ihre ursprüngliche Heimat in Mittelamerika.

Kürbissamen-Sorten

Die vielen Züchtungen sind aber mittlerweile weltweit in Kultur. Neben den großen runden Speisekürbissen, die im Herbst leuchtend goldgelb auf den Beeten reifen, gibt es eine Fülle an verschiedenen Sorten mit eiförmigen, länglichen oder flachen Früchten in vielen Farben.

Cucurbita pepo ist der botanische Name für die meisten Formen des Gartenkürbisses. Neben dem bekannten Speisekürbis, aus dem im Herbst auch die beliebten Laternen geschnitzt werden können, entwickeln sich den Sommer über Zucchini, die zur selben Pflanzengattung gehören. Sie werden allerdings unreif geerntet, solange sie noch zart und ohne Kerne sind. Eine andere Art namens Cucurbita ficifolia, der Feigenblattkürbis, dient weniger zum Verspeisen als vielmehr zum Veredeln von Gurken. Diese verwandten Gemüse werden im Frühjahr auf junge Sämlinge gepfropft. Das macht sie widerstandfähiger gegen Mehltau. Noch ein Verwandter, der allerdings einer anderen Gattung zugeordnet wurde, bildet im Herbst holzige Früchte, die für Schalen und andere Gefäße sowie für Musikinstrumente nützlich sind: der Kalebassenkürbis (Lagenaria sidalcea). Er unterscheidet sich auch durch seine weißen Blüten, aus denen sich die ungewöhnlichen Früchte entwickeln.

TIPP: Sorten-Mix

Es lohnt sich, verschiedene Kürbis-Sorten zu vermehren. Neben den großen orangen Speisekürbissen gibt es eine Fülle an Züchtungen, die ungewöhnliche Früchte tragen. Versuche lohnen sich auch mit Kalebassenkürbissen (Lagenaria) zur Gewinnung von haltbaren Früchten für Gefäße oder Musikinstrumente.

Kürbis-Ranken

Einhäusige Pflanzen

Der Gartenkürbis bringt gelbe Blüten hervor. Die Pflanze ist einhäusig, das heißt, sie trägt weibliche und männliche Blüten auf einem Exemplar. Die Züchtungen bilden aber vorwiegend weibliche Blüten, die auch ohne Bestäubung fruchten. Es lohnt sich deshalb, im Frühjahr zu Züchtersaatgut zu greifen, damit mit Sicherheit reiche Ernten ins Haus stehen. Selbstverständlich lassen sich auch Samen von eigenen Früchten für die Anzucht nutzen. Kürbiskerne bleiben bis zum Frühjahr keimfähig, wenn sie vom Fruchtfleisch befreit und trocken gelagert werden. Die Jungpflanzen aus eigener Vermehrung eignen sich gleichermaßen zur Begrünung von Spalieren, Zäunen oder als Bodendecker auf freien Flächen. Sie sind oft wüchsiger als Sämlinge, die aus Züchtersaatgut entstanden sind. Wer genügend Anbaufläche hat oder freie Plätze an Zäunen oder Spalieren, sollte sowohl Sämlinge aus selbstgeernteten Kürbiskernen als auch solche aus Züchtersaatgut pflanzen.

Vorkultur oder Direktsaat

Die Pflanzzeit beginnt im Mai, wenn keine Fröste mehr zu erwarten sind. Wer will, kann schon vorher mit der Anzucht im Haus beginnen. Dann stehen zur Pflanzzeit schon kräftige Jungpflanzen bereit. Es hat sich aber gezeigt, dass Samen, die erst im Mai direkt im Garten gesteckt werden, den Vorsprung der vorkultivierten Jungpflanzen bald aufholen. Ein nährstoffreicher lockerer Humusboden kommt einer raschen Entwicklung zugute. Eine reichliche Nährstoffversorgung fördert natürlich die Reifung großer Früchte. Nach der Pflanzung brauchen Kürbissämlinge keine besondere Pflege. Sie kommen mit den natürlichen Regenfällen zurecht. In Mitteleuropa ist deshalb auch der flächige Anbau auf Feldern möglich. Schädlinge und Krankheiten machen den vitalen Gewächsen selten zu schaffen. Vielmehr ist im Garten darauf zu achten, dass die kräftigen Triebe anderen weniger wüchsigen Gewächsen nicht zu sehr auf den Leib rücken. Der Ausbreitungsdrang der Kürbisse ist deshalb schon vor der Pflanzung zu beachten.

Kürbis, weibliche Blüte mit Bienen

Kürbisköpfe fertigen

Speisekürbisse (Cucurbita pepo) sind nicht nur für die Küche wertvoll. Die großen Fruchtgemüse lassen sich nach dem Aushöhlen als Töpfe oder auch für Kinder zum Basteln nutzen. Dazu sollten sie richtig ausgereift sein.

Kürbisse auch in Kübeln kultivieren

Kürbisse sind sehr dekorative Kübelpflanzen, die meterlange Triebe, große schöne Blüten und dann im Herbst die typischen Früchte hervorbringen. Die wärmebedürftigen Gewächse gedeihen auch am Balkon oder auf der Terrasse, wenn sie in große Pflanzgefäße mit nährstoffreichem, beständig lockerem Substrat getopft werden.

Zucchini
Cucurbita pepo

Zucchini oder Zucchetti sind Kürbispflanzen und brauchen wie diese reichlich Wärme, nährstoffreichen Boden und viel Wasser. Bei ungünstigen Bedingungen bringen sie nur männliche Blüten hervor und entwickeln dann natürlich keine Früchte. In der Regel blühen aber auch weibliche Blüten auf, sodass die Büsche reich und regelmäßig fruchten. Sie müssen immer wieder durchgepflückt werden, damit sie blühfähig bleiben und neue Früchte ansetzen.

Cucurbita pepo, Zucchini

Hülsenfrüchtler

Phaseolus vulgaris, Buschbohnen

Bohne
Phaseolus-Arten

Busch-, Stangen-, Feuerbohnen und deren Sorten stammen wie viele andere Gemüse aus Südamerika. Sie sind frostempfindlich und werden erst im Mai im Freiland ausgesät. Kletternde Arten brauchen Stangen oder Schnüre zum Winden. Zur Erntezeit werden immer wieder die noch zarten Hülsenfrüchte durchgepflückt, sodass ständig neue nachwachsen. Bohnen sind roh giftig. Sie müssen also gekocht werden.

Erbse
Pisum sativum

Die verschiedenen Erbsen-Arten und Sorten sind Hülsenfrüchte. Sie brauchen nach der Keimung eine Kletterhilfe (z. B. Maschendraht), damit die Triebe luftig und locker wachsen. Je nach Art erntet man die Früchte frisch und zart oder lässt sie ausreifen.

HINWEIS

Einige Gemüse sind nur essbar, wenn sie richtig zubereitet oder auch richtig gelagert werden. Bohnen müssen beispielsweise gekocht werden. Roh sind sie sogar giftig.

Kartoffeln dürfen weder Licht noch Frost abbekommen, denn auch sie sind giftig, wenn sie in der Sonne oder bei Frost grün werden!

Stangenbohnen, Phaseolus an Spannseilen

Salate und Blattgemüse

Zum Gemüse gehören auch Salate. Besonders im Spätwinter tragen sie zur Versorgung mit Mineralstoffen, Spurenelementen und Vitaminen bei. Frische Salate aus dem eigenen Garten können bereits im März den Speiseplan ergänzen.

Die Welt der Salate

Lactuca Lollo Rosso in Mischkultur

Die größte Sortenfülle bieten Kopfsalate. Es gibt rote, grüne, krause und andere Züchtungen. Zur Gattung Lactuca gehören auch der Blattsalat, der Eissalat, der Pflücksalat und der Bindesalat. Die alte Kulturpflanze stammt wahrscheinlich vom wilden Lattich (L. serriola). Jedenfalls weisen die kleinen gelben Blüten darauf hin, die ausgewachsene Salatköpfe hervorbringen. „Schießen" oder auswachsen sollten die Köpfe natürlich nicht, deshalb sind für den Anbau im Garten vorzugsweise schossfeste Sorten zu wählen. Die Auswahl richtet sich nach der Saatzeit. Es gibt Früh-, Sommer- und Herbstsorten. Die Kultur ist recht einfach und gelingt auch in Balkonkästen. Kräftige Sämlinge oder Jungpflanzen aus der Gärtnerei bilden in wenigen

Lactuca sativa, Kopfsalat-Sorten

Kopfsalat im Frühbeet pflanzen

Wochen erntereife Köpfe. Durch rechtzeitige Folgesaaten sind den ganzen Sommer hindurch frische Salatköpfe zu bekommen.

Die Aussaat oder Pflanzung von Salaten im eigenen Garten lohnt sich immer, da die eigenen Salate mit Sicherheit frisch und frei von Spritzmitteln sind. Besonders bei Jungpflanzen ist aber ein Schutz vor Schnecken wichtig. Dazu eignen sich Frühbeetkästen, die mit einem Schneckenzaun ausgestattet werden. Gegen Blattlausbefall hilft das Lüften der Frühbeetfenster. Das Lüften an milden Tagen fördert auch beim Anbau im Gewächshaus einen gesunden kräftigen Wuchs und die Bildung fester Köpfe. Kopfsalat verträgt sich mit fast allen Gemüse-Arten. Er lässt sich im März neben andere Frühgemüse wie Karotten, Radieschen, Rettiche, Kohlrabi, Kresse und Zwiebeln pflanzen. Nur eine Mischkultur mit Sellerie und Petersilie ist zu vermeiden.

Wertvolle Aufbaukost

Die recht kurze Kulturzeit und die einfache Pflege machen den Kopfsalat für den Hausgarten wertvoll. Die Köpfe werden nach dem Waschen und Zerpflücken mit Essig und Öl oder mit Marinade als frischer Salat angemacht oder je nach Rezept als Gemüse zubereitet. Auch ungewöhnliche Gerichte sind möglich, so etwa eine Kopfsalat-Erbsen-Suppe oder ein Kopfsalatgemüse. Vom Pflücksalat lassen sich über einen längeren Zeitraum frische Blätter ernten.

Kopfsalat ist wegen seiner vielen Inhaltsstoffe und seiner guten Verträglichkeit ein wertvolles Gemüse auch für die Ernährung kranker Personen oder als Aufbaukost nach einer Erkrankung. Bei Lichtmangel im Winter bilden Salatköpfe allerdings viel Nitrat. Der Anbau im

Kopfsalat in Mischkultur nach der Pflanzung angießen

Kopfsalat pflanzen

Frühbeet oder Gewächshaus sollte deshalb nicht zu früh im Spätwinter und nicht mehr zu spät im Herbst erfolgen.

Inhaltsstoffe	
Mineralstoffe	*Calcium, Kalium, Magnesium, Natrium, Phosphor, Schwefel, Chlor*
Spurenelemente	*Eisen, Zink, Kupfer, Mangan; Fluor, Jod*
Vitamine	*Vitamin C, Vitamin E, Vitamin A, Carotinoide, Vitamine B1, B2, B3, B5, B6, B7, B9, Folsäure*
Kohlenhydrate	*Fructose, Glucose, Monosaccharide, Saccharose, Disaccharide, Stärke*
Ballaststoffe	*u. a. Lignin, Cellulose*
Fett	*ca. 0,2 %, u. a. ungesättigte Fettsäuren, Linolsäure, kein Cholesterin*
Eiweiß	*u.a. essentielle Aminosäuren, nur 3 mg Purine (pro 100 g)*

Kopfsalat nach Pflanzung angießen

Chicorée und seine Verwandten

Cichorium intybus, Wegwarte

Frischer Salat aus dem Keller

Einige Salate stammen von heimischen Wildpflanzen ab. Die Verwandtschaft ist oft kaum noch zu erkennen. So ist auch der Chicorée durch Züchtung aus der wilden Wegwarte entstanden.

Bei vielen Speisen und Getränken ist heute kaum noch nachvollziehbar, wie sie entstanden sind oder entdeckt wurden. So steckt hinter alltäglichen Lebensmitteln ein langer Entwicklungsprozess. Daher ist kaum vorstellbar, wie aus Getreidekörnern das Brot geschaffen wurde oder wer die Idee hatte, aus Gerste Bier zu brauen. Gewiss führten häufig auch zufällige Entdeckungen auf den richtigen Weg. Manchmal waren die Experimente sogar tödlich. So mussten einige der ersten Kartoffelanbauer beim Probieren der neuen Gemüse aus Südamerika ihr Leben lassen. Sie verzehrten statt der heute weltweit bekannten Wurzelknollen die giftigen Früchte, die sich oberirdisch aus den Blüten bilden. Weniger dramatisch war wohl die Entwicklung des Chicorée-Anbaus. Angeblich ist der Wert dieser Pflanze schon seit der Römerzeit bekannt. Die Staude wurde dazu aber nur als Blattgemüse genutzt. Die Wurzelzichorie ist seit etwa 1850 in Kultur. Sie diente früher als Kaffee-Ersatz, der auch heute wieder zu bekommen ist. Eine industrielle Bedeutung hatten Zichoriewurzeln wegen ihrem hohen Inulingehalt. Sie werden auch heute noch medizinisch genutzt.

Chicoree vortreiben

Chicorée

Die Wegwarte – Mutter der Kulturformen

Die Mutter aller Blatt- und Wurzelchicorée-Züchtungen ist die wilde Wegwarte (Cichorium intybus). Die blauen Blüten dieser mehrjährigen Staude entfalten sich bei sonnigem Wetter nur am Vormittag. Die Wildpflanze hat wenig Ähnlichkeit mit den Züchtungen. Sie entwickelt nur ein spärliches Blattwerk aus verhältnismäßig schwachen Wurzeln. Wilde Wegwarten siedeln sich recht häufig an Wegrändern und auf Brachland an. Auf günstigen Plätzen, insbesondere auf nährstoffreichen, feuchten Lehmböden, bilden sie ausdauernde Bestände, die jedes Jahr den Sommer hindurch blühen. Die typischen Korbblütler sind auch mit der Wildform des Endiviensalates (Cichorium endivia) verwandt, die ihre Heimat im Mittelmeerraum hat.

Anzucht, Pflanzung, Pflege

Für den Anbau von Blattzichorie und Chicorée für die Treiberei werden gleichermaßen von April bis Juni Jungpflanzen vorkultiviert. Die Aussaat erfolgt am besten direkt im Freiland auf vorbereiteten Gartenboden. Die Sämlinge werden in der Reihe in Abstände von etwa 10 cm vereinzelt. Die Reihenabstände sollten etwa 30 bis 40 cm betragen. Bis zum Herbst entwickeln sich so kräftige Jungpflanzen, die zur Ernte bereitstehen. Zum Treiben werden die benötigten Wurzeln vorsichtig ausgegraben. Das Laub ist ohne Beschädigung der Wurzelspitzen – dem „Herz" der Pflanzen – zu entfernen. Zum Einschlagen dienen Kunststoffkübel oder tiefe Tontöpfe. Sobald die Wurzeln senkrecht in den Gefäßen mit Gartenerde sitzen, werden sie etwa

20 cm dick mit lockerer Erde bedeckt. Sie lassen sich sogleich zum Treiben anregen. Dazu kommen die Kübel in einen beheizten Raum. Bei etwa 20 °C entwickeln sich aus den Wurzelspitzen die typischen Sprosse, die dann zur Ernte bereit stehen. Die Treiberei dauert etwa 4 - 6 Wochen. Sobald die Chicorée-„Rüben" aus der Erde spitzen, werden sie bei Bedarf freigelegt und mit einem Wurzelstück abgeschnitten, damit die Blätter nicht auseinanderfallen. Wenn die Wurzeln unbeschädigt bleiben und die Blätter über dem Herz abgeschnitten werden, beginnen sie nochmal zu treiben und bringen einen neuen Spross hervor. Es lohnt sich, mehrere Gefäße in zeitlichen Abständen mit Wurzeln aus dem Garten zu bestücken. Bei frostfreiem Wetter ist die Ernte bis in den Winter hinein möglich. Auf diese Weise gibt es bis zum Frühjahr frischen Chicorée aus dem Keller. Neben den belgischen Witloof-Typen bieten die Züchter auch neue Sorten an, die ohne Anhäufeln bleiche Sprosse bilden. Es gibt grün-weiße und rot-weiße Züchtungen.

Radicchio und Zuckerhut

Der Anbau von Zichoriesalat im Garten erfolgt etwas später, wie die Anzucht von Chicorée je nach Sorte etwa von Mai bis Juni. Die Kultur ist ähnlich und erfordert nährstoffreichen Boden. Günstig sind mittelschwere Lehmböden mit guter Wasserversorgung. Salatzichorie bildet bis zum Herbst feste Köpfe, die recht frosthart sind. Mit Folie oder Vlies lassen sich Fröste abschwächen und Blattschäden verhindern. Bekannte Zichorie-Typen sind der „Zuckerhut" und der Radicchio, von dem es wiederum verschiedene Sorten gibt. Neben Frühsorten für die Sommerernte und Spätsorten für den Herbst sind auch Sorten zum Überwintern zu bekommen. Diese werden gleichermaßen im Garten kultiviert. Im Herbst ist es dann Zeit zum Entfernen der Blätter bis auf jeweils kurze Strünke. Danach bekommen die Pflanzen einen Frostschutz aus Stroh oder Vlies. Sie treiben im Spätwinter aus und entwickeln Blätter für die ersten Frühsalate aus dem eigenen Garten. Wie die wilde Wegwarte enthalten alle Zichorie-Arten verdauungsfördernde Bitterstoffe sowie Mineralien, Vitamine und Glykoside. Sie sind besonders im Winterhalbjahr wertvolle Nahrungsmittel.

Cichorium intybus, Wegwarte

Weitere ausgewählte Salate

Cichorium endivia, Endivie

Endiviensalat
Cichorium endivia; Asteraceae

Neben den Kopfsalatsorten kommen am häufigsten Endiviensalate auf den Tisch. Auch die „Mutter" dieser Kulturpflanzen lässt sich nicht mehr genau bestimmen. Es könnte eine Wildpflanze namens Cichorium pumilum gewesen sein, die im Mittelmeergebiet heimisch ist. Die Endivien-Züchtungen zeichnen sich durch eine gewisse Frosthärte aus. Sie werden deshalb auch als typische Herbst- und Wintersalate kultiviert. Der Endiviensalat ist allgemein schnittfester als Kopfsalat. Er wird in Streifen zerkleinert gereicht. Der Anbau ist langwieriger als der von Kopfsalat. Für die Ernte ab Oktober ist die Pflanzung bereits im Juli nötig.

Wert: Der Endiviensalat ist ein recht haltbarer Salat, der im Garten mehrere Wochen stehen bleiben kann. Auch im Kühlfach bleiben die Köpfe mehrere Tage frisch. Wertvoll sind vor allem die Bitterstoffe. Sie fördern die Verdauung.

Rucola
Eruca sativa; Brassicaceae

Rucola ist eine zwar schon altbewährte, aber in unseren Gärten noch seltene Salatpflanze. Sie gehört in Italien zum Sortiment jeder Gemüsegärtnerei. Der Anbau lohnt sich auch nördlich der Alpen, da die Aussaat nicht schwierig ist und bereits 4 bis 5 Wochen danach erntereife Pflanzen zur Verfügung stehen. Der schnellwüchsige Kreuzblütler sollte allerdings nicht neben Kohlgewächsen kultiviert werden. Die Aussaat ist aber auch im Gewächshaus und im Frühbeet oder in Blumenkästen möglich. Anders als Kopfsalate zeichnen sich Salatrauken oder Rucolapflanzen durch einen sehr würzigen Geschmack aus. Die gezähnten Blätter können zum Anrichten von Mischsalaten dienen. Essbar sind auch die zartgelben Blüten.

Wert: Rucolasämlinge brauchen keine besondere Pflege. Sie bilden keine Köpfe, sondern entwickeln kleine Horste mit kresseartigen Blättern. Zur Schonung der Pflanzen können auch immer nur einzelne Blätter gepflückt werden.

Eruca, Rucola

Valerianella locusta

Feldsalat
Valerianella locusta; Valerianaceae

Wenn er kalkhaltigen und wasserführenden Lehmboden vorfindet, siedelt sich der Feldsalat selbst durch Samen an. Gelegentlich sind wilde Bestände etwa auf brachliegendem Ackerland zu finden. Im Garten ist die Anzucht durch Samen kein Problem. Die Aussaat ist direkt in vorbereitete Beete möglich oder in Pikierkisten. Sie erfolgt erst im August. Im Sommer schießen die Pflanzen, das heißt, sie wachsen aus und bringen keine Blatthorste, sondern Blüten hervor. Es gibt winterharte Sorten und solche die keinen Frost vertragen. Für die Kultur unter Glas eignen sich vorzugsweise winterharte Sorten. Sie machen noch im Oktober eine Aussaat möglich.

Wert: Die nussig schmeckenden Blättchen sind besonders im Winter wertvoll, wenn es wenig frisches Grün aus dem Garten oder aus dem Gewächshaus gibt.

Taraxacum officinale, Löwenzahn

Löwenzahnsalat
Taraxacum officinale; Asteraceae

Mit dem Löwenzahn ist es wie mit vielen anderen Wildkräutern oder ungewöhnlichen Gemüsen. Sie enthalten eigenartige Pflanzensäfte oder auch Bitterstoffe, die nicht jedem Geschmack entsprechen. Vor dem Anbau sollten zur Probe zunächst frische Blätter von Wildpflanzen verkostet werden (aber nur auf ungespritzten Flächen). Obwohl die Gartensorten dieser sehr vitalen Salatpflanze weniger bitter schmecken, sind auch sie nicht mit milden Salatblättern wie denen des Kopfsalat zu vergleichen. Allerdings bilden sie ausdauernde Bestände, die schon im März erste Ernten ermöglichen. Die Blütenbildung ist zu verhindern, sonst samen sich die wüchsigen Kräuter überall im Garten aus.

Wert: Sehr ausdauernde und pflegeleichte Staude, die reichlich Blattmasse hervorbringt. Die Wurzeln können auch im Herbst ausgegraben und wie Chicorée im Haus zum Treiben angeregt werden.

Taraxacum officinalis, Löwenzahn

Nasturtium officinale, Brunnenkresse

Brunnenkresse
Nasturtium officinale;
Brassicaceae

Das seltene Kraut, das in der Natur vorzugsweise an klaren Bächen wild wächst, lässt sich auch im Garten ansiedeln. Die Brunnenkresse ist wegen ihres würzigen Geschmacks und ihrer wertvollen Wirkstoffe schon immer eine beliebte Salatpflanze. Die Staude ist ausdauernd, wenn sie einen ständig feuchten Platz bekommt. Der kann etwa in einer Wasserwanne im Gemüsegarten, an einem Gartenteich oder an einer künstlichen Quelle liegen. Günstig wirkt sich Wasserzirkulation auf die Entwicklung aus. Die Vermehrung ist durch bewurzelte Ausläufer möglich.

Wert: Das Kraut enthält viele Vitamine und ein verdauungsförderndes Senföl. Die wintergrüne Pflanze ist auch im Winter wertvoll.

Nasturtium officinale, Brunnenkresse

Wildkräuter gezielt ansiedeln

Allium ursinum, Bärlauch

Brennnesseln, Gänseblümchen, Bärlauch und andere vitale Pflanzen, die man auch für Salate nutzen kann, bilden bei passenden Standortbedingungen üppige Bestände, wenn sie ungehindert wachsen dürfen. Wo solche Wildkräuter nicht stören, sollten sie erhalten bleiben oder sogar gezielt angesiedelt werden. Viele dieser so genannten Unkräuter können auch anderweitig nützlich sein. Sie eignen sich als dichte Bodendecker oder als Rohstoffe für wertvolle Kräuterjauchen.

Bärlauch
Allium ursinum

Weniger auf sonnigen Gartenbeeten, als vielmehr zum Verwildern in schattigen Ecken, sollte der Bärlauch zum Einsatz kommen. Dieses Wildkraut breitet sich auf feuchten Böden flächig aus und treibt jedes Jahr im Frühjahr saftig grünes Laub aus dem Boden. Nach der Blüte im Mai ziehen die Säfte wieder in die Zwiebeln ein, die Schlotten sterben ab. Bis dahin stehen sie aber reichlich zum Ernten zur Verfügung. Das frische Laub enthält die selben Wirkstoffe wie der Knoblauch. Es riecht aber weniger aufdringlich. Die Nutzung ist roh oder gekocht mit anderen Wildkräutern möglich. Die Ernte beschränkt sich zwar nur auf wenige Wochen im Mai. Wenn der Standort passt, bilden sich aber dichte Bestände, die keine Pflege brauchen und jedes Jahr im Frühjahr frische Blätter treiben. Essbar sind auch die schönen weißen Blüten.

Knoblauchrauke
Alliaria petiolata

Ebenso wie der Bärlauch ist die Knoblauchrauke im Garten kultivierbar. Sie braucht humose Böden und kommt auch unter Bäumen zurecht. Ihre Hauptwachstumszeit erstreckt sich auf we-

Alliaria petiolata, Knoblauchrauke

nige Wochen im Frühjahr. Bis zum Laubaustrieb hat die Pflanze schon Blüten und Samen gebildet. Sie zieht danach wieder ein. Wo diese Wildstaude ungehindert wachsen darf, bildet sie mit den Jahren dichte Bestände. Die Vermehrung ist durch Teilung möglich. Die Knoblauchrauke enthält die selben Wirkstoffe wie der Knoblauch, aber in geringerer Dosis. Sie schmeckt frisch am besten.

Portulak als essbarer Bodendecker

Es gibt auch einige Wildgemüse, die wie Unkraut wachsen. Das kann durchaus erwünscht sein, wenn sie keine anderen Pflanzen stören. So lassen sich Meerrettich oder Topinambur gut zur Randbegrünung am Zaun nutzen. Ein anderes vitales Gewächs eignet sich als Bodendecker. Der Portulak (Portulaca oleracea ssp. sativa) breitet sich flächig durch Samen aus. Sobald er einmal angesiedelt wurde und Fuß gefasst hat, ist er kaum mehr auszurotten. Obwohl die Pflanze selbst nur einjährig ist, sichern unzählige Sämlinge den Bestand. Die säuerlich schmeckenden Pflanzen werden wie Spinat genutzt oder zum Würzen und für gemischte Salate.

Portulaca oleracea, Portulak

Blattgemüse

Roter Mangold

Mangold
Beta vulgaris

Dieses Blattgemüse ist eigentlich ein Rübengewächs und direkt mit der Runkelrübe verwandt. Der Geschmack der Blätter lässt dies auch erkennen. Der Mangold ist recht robust und eignet sich gut zur Mischkultur mit vielen anderen Arten – Gänsefußgewächse ausgenommen. Bei der Aussaat oder Pflanzung im Frühjahr entwickeln sich bis zum Herbst üppige Blattbüschel, die nach und nach gepflückt werden können. Bei nicht zu strengem Frost ist der Mangold winterhart.

Beta, Mangold

Spinat
Spinacia oleracea

Dieses Gänsefußgewächs ist ein willkommenes Früh- und Herbstgemüse, zumal es Frost verträgt. Spinat kann im zeitigen Frühjahr oder im Spätsommer gesät werden. Sommersaaten schossen leicht und sind nicht zu empfehlen. Spinat braucht zwar reichlich Nährstoffe. Eine Überdüngung ist jedoch zu vermeiden, weil er sonst eventuell Nitrat ansammelt.

Feiner Fenchel
Foeniculum vulgare

Während die würzigen Samen des Fenchels in Tees zur Wirkung kommen, haben Fenchelknollen als Gemüse einen Wert. Der Anbau im Garten ist sowohl für Gewürzfenchel, als auch für Knollenfenchel möglich.

Die kleinen gekrümmten Samen sind Bestandteile von Verdauungstees. Sie sehen den Samen des Kümmels ähnlich, der ebenfalls zu den Doldenblütlern gehört. Die großen gelben Blütenstände des Gewürzfenchel sind jedoch auffälliger als die Blütenstände des Kümmels. Sie haben wiederum eine Ähnlichkeit mit dem Dill. Auch diese Gewürzpflanze zählt zur großen Familie der Doldenblütler. Während des Sommers reifen aus den gelben Blüten die typischen Samen, die dann im Herbst geerntet werden. Sie dienen als Gewürz, für Tees oder zur Vermehrung neuer Pflanzen im Frühjahr. Der Gewürzfenchel ist mehrjährig kultivierbar. Im ersten Jahr nach der Aussaat direkt ins Freiland entwickeln sich zunächst kleine Pflänzchen mit fiedrigen Blättern. Erst im zweiten Jahr bringen die Pflanzen ihre Blütenstände hervor. In milden Lagen oder mittels Frostschutz können sich ausdauernde Bestände bilden, die sich selbst aussäen.

Spinacia oleracea, Spinat

Anders als der Gewürzfenchel (Foeniculum vulgare var. dulce) wird der Gemüsefenchel (F. vulgare var. azoricum) einjährig kultiviert. Die Aussaat erfolgt im Frühjahr im Haus. Durch eine gezielte Sortenwahl lassen sich die Saattermine und damit auch die Erntezeiten verlängern. So machen frühe Sorten, wie „Argo" und „Zefa Fino", die Aussaat schon ab März möglich. Diese frühen Sorten zeichnen sich durch eine gute Schossfestigkeit aus. Bei späten Sorten, wie „Latina" und „Perfektion", beginnt die Saatzeit erst im Juli. Durch die Aussaat verschiedener Sorten gibt es bereits ab Juni die ersten erntereifen Fenchelknollen. Die späten Sorten bleiben bis zum Herbst auf dem Beet. Bei mildem Wetter oder mittels Frostschutz stehen sie bis in den Winter hinein zur Ernte bereit. Gemüsefenchel ist im Handel fast das ganze Jahr zu bekommen. Im Winter werden die Märkte mit Ware aus Süditalien oder aus nordafrikanischen Ländern beliefert. Selbst biologisch angebaute Knollen sind dann sehr preisgünstig erhältlich.

Der Gewürzfenchel lässt sich gut mit anderen Kräutern kombinieren. Zu beachten ist seine Vitalität. Erwachsene Pflanzen können mehr als 150 cm hohe Büsche bilden. Mit seinen gelben Blüten und den fiedrigen Blättern wirken die Stauden auch in Blumenbeeten attraktiv. Der Knollenfenchel ist besser im Gemüsegarten aufgehoben. Die Pflanzen aus der Familie der Doldenblütler sind in Mischkultur u. a. mit Kopfsalat, Endivien oder Erbsen kombinierbar. Eine Pflanzung neben andere Doldenblütler ist dagegen zu vermeiden.

Sowohl vom Gewürzfenchel als auch vom Gemüsefenchel sind die feinen Blättchen zum Würzen und Dekorieren von Salaten, Suppen und anderen Gerichten wertvoll. Die Fenchelknollen werden in der Küche roh als Salat verarbeitet oder als Gemüse gedünstet. Durch seine kurze Garzeit lässt sich die vitaminreiche Kost als Schnellgericht zubereiten. Die Samen des Gewürzfenchel stehen zum Würzen von Fisch, Soßen und Salaten oder zur Teezubereitung das ganze Jahr zur Verfügung. Die Erntezeit beginnt im Spätsommer, sobald sich die Blütenstände braun färben und die Samenreife abzeichnet. Nach dem Abschneiden der Dolden sollten die Samen in einem trockenen, luftigen Raum nachreifen.

Inhaltsstoffe: Fenchel enthält ätherische Öle (Samen: trans-Anethol, Fenchon, α-Pinen, Camphen, Myrcen, α- und β-Phellandren, α-Terpinen, cis-Anethol, Limonen, Terpinolen, Estragol, p-Cymol; Kraut: α-Phellandren, α-Pinen, cis-Anethol, Myristicin, α-Terpinen, Limonen; Wurzel: Dillapiol, Myrcen, α- und β-Pinen, α- und β-Phellandren, α- und β-Terpinen, Myristicin, cis-Ocimen, Fenchon, Anethol), Kieselsäure, Mineralsalze, Stärke, Vitamin A, B und C. Der Vitamin-C-Gehalt der frischen Pflanze (Blätter) pro 100 g Frischegewicht beträgt 250 mg.

Rohe Fenchelknollen enthalten pro 100 Gramm: 24 Kcal (101 Kjoule), 86 g Wasser, 494 mg Kalium, 109 mg Calcium, 49 mg Magnesium, 93 mg Vitamin C.

Wirkung der ätherischen Öle

Windtreibend, krampflösend, auswurffördernd, entzündungshemmend (Darm).

Anwendungsgebiete

Dyspeptische Beschwerden, krampfartige Magen-Darm- Beschwerden, Völlegefühl, Blähungen, Katarrhe der oberen Luftwege (z .B. Fenchelhonig).

Foeniculum, Knollenfenchel

Cynara scolymus Romana Violett

Artischocke
Cynara scolymus

Im Hochsommer sind die Gartenbeete oder Gemüsemärkte reich gedeckt mit erntefrischen Salaten und Gemüse. Neben Tomaten, Gurken, Kartoffeln, Zucchinis gibt es jetzt auch seltenere Arten wie Artischocken, die einen besonderen Wert haben.

Dieser prächtige Korbblütler (Asteraceae) wächst staudenartig und lässt sich an geschützten Plätzen mehrjährig kultivieren, wenn im Winter ein luftiger Frostschutz vor Kälte bewahrt. Der große Busch bringt im Sommer große Blütenstände hervor, wenn sich die Knospen gut entwickelt haben. Nach dem Aufblühen sind sie nur noch für die Vase zu gebrauchen. Die Anzucht erfolgt im Spätwinter durch Aussaat im Haus. Kräftige Sämlinge lassen sich dann im Mai ins Freiland umsetzen. Die Pflanzen brauchen einen sonnigen Platz auf tiefgründigem nährstoffreichem Boden ohne Staunässe. Während der Wachstumszeit erhalten die Stauden reichlich Wasser. Damit sich kräftige Büsche bilden, ist eine Nachdüngung z. B. mit Kompost nützlich. Im Sommer beginnt dann die Erntezeit. Im Herbst werden die Stauden mit Vlies eingepackt und mit Laub oder Stroh angehäufelt. Möglich ist auch eine Überwinterung in einem kühlen Keller. Dazu werden sie ausgegraben und in einen Kübel gesetzt. Wer keinen Garten hat, kann die dekorativen Disteln auch als Kübelpflanzen kultivieren. Damit sie auch als solche gut gedeihen und große Blütenstände hervorbringen, brauchen sie große Pflanzgefäße

Artischocke (Cynara scolymus)

mit nährstoffreichem beständig lockerem Substrat. Es lohnt sich – ebenso wie bei Gartenpflanzen – nicht alle Blüten für die Küche zu ernten, sondern einige ausreifen zu lassen. Die leuchtend blauen Blüten haben einen besonderen dekorativen Wert.

Wie viele andere Arten stammen die Artischocken aus dem östlichen Mittelmeergebiet. Heute sind kleine Bestände auch nördlich der Alpen zu finden. Das Distelgewächs bleibt bei mildem Winterwetter grün. Für den Feldanbau kommen vorzugsweise Sorten zum Einsatz, die größere Blüten bilden als Wildpflanzen. Die „Große von Laon", „Green Globe", „Violetta de Romagna" u. a. sind auch für den Garten gut geeignet. Die Pflanzen bilden zunächst eine Rosette aus großen silbrigen Blättern. Danach bringen sie bis 2 m hohe Blütenstände hervor. Die Ernte erfolgt vor der Entwicklung der schönen blauen Röhrenblüten. Nach dem Kochen ist der untere fleischige Teil der Schuppenblätter und der dicke Blütenboden essbar. Diese Pflanzenteile enthalten den Wirkstoff Cynarin, der die Leber stärkt und den Gallenfluss anregt. Das leicht bittere Gemüse ist zudem appetitanregend und verdauungsfördernd. Die Artischocke wurde 2003 zur Arzneipflanze des Jahres gekürt. Im Handel sind auch Präparate aus den Pflanzenteilen erhältlich, die einen heilsamen Wert haben. Durch den Verzehr der Blütenböden lässt sich der kulinarische Genuss mit der medizinischen Wirkung verbinden. Dazu werden die Artischocken ca. 20 bis 30 Minuten in Salzwasser mit etwas Zitronensaft gekocht. Dann lassen sich die schuppigen Blütenhüllblätter abziehen und mit den Zähnen abstreifen. Zu den gekochten Blütenhüllblättern und Blütenböden passt eine Soße aus Essig, Öl, Salz, Pfeffer und Knoblauch.

Inhaltsstoffe	
Mineralstoffe	*Calcium, Kalium, Magnesium, Natrium, Phosphor, Schwefel, Chlor*
Spurenelemente	*Eisen, Zink, Kupfer, Mangan; Fluor, Jod*
Vitamine	*Vitamin A, Vitamin C, Vitamin E, Vitamine B1, B2, B3, B5, B6, B7, B9*
Kohlenhydrate	*Fructose, Glucose, Monosaccharide, Saccharose, Disaccharide*
Ballaststoffe	*u.a. Lignin, Cellulose, wasserlösliche und wasserunlösliche Ballaststoffe*
Fett	*ca. 0,1 g (pro 100 g), u. a. ungesättigte Fettsäuren, Linolsäure, kein Cholesterin*
Eiweiß	*u.a. Aminosäuren, 19 mg Purine (pro 100 g), 56 mg Harnsäure (pro 100 g)*

Zwiebelgemüse

„Hat sieben Häute, beißt alle Leute“, heißt es über die Zwiebel. Ihre Senföle reizen zwar die Augen, sie wirken aber auch verdauungsfördernd und stärken ganz allgemein die Gesundheit.

Küchenzwiebel

Allium cepa

Allium cepa, Speisezwiebeln

Im Spätsommer lohnt es sich, die Fülle an reifendem Gemüse erntefrisch zu verwerten und für den Winter zu konservieren. Als vielfach nützliches und zudem lange lagerfähiges Gemüse hat sich die Speisezwiebel bewährt.

Uralt und immer noch modern, so könnte man die Zwiebel beschreiben. Nachweislich wurden Speisezwiebeln bereits vor mehr als 2000 Jahren in Ägypten kultiviert. Heute gibt es durch Züchtung ein großes Sortiment mit Namen wie „Stuttgarter Riesen", „Zittauer Gelbe" oder „Birnenförmige", die auf die Größe, Farbe oder Form hinweisen. Zu unterscheiden sind Haushaltszwiebeln, die für alle Kochgelegenheiten dienen, Gemüsezwiebeln, die sich besonders für Zwiebelgerichte eignen und Silberzwiebeln, die vorwiegend eingelegt werden.

Botanisch gesehen sind Speisezwiebeln zweijährige Pflanzen. Sie bilden im ersten Jahr nach der Aussaat einen Horst mit vielen röhrenförmigen Blättern (Schlotten). Im zweiten Standjahr bringen sie ihre kugelförmigen Blütenstände hervor, die dem Zierlauch ähnlich sind. Nach der Samenreife ziehen sie ein. Die Vermehrung erfolgt, wie etwa bei Tulpenzwiebeln, auch vegetativ durch Tochterzwiebeln. Gewöhnlich werden Speisezwiebel einjährig kultiviert.

Allium cepa, Speisezwiebeln

Allium cepa, Zwiebel, Blüte mit Hummel

Einfache Kultur

Die Küchenzwiebel braucht lockeren, durchlässigen Boden, der sich gut erwärmt. Man kann sie im Frühjahr direkt in Reihen säen oder vorkultivieren und auspflanzen. Am einfachsten ist aber der Anbau mit Steckzwiebeln. Diese sollten klein und fest sein (etwa haselnussgroß). Nach dem Stecken im März/April ist das Hacken nötig, damit der Boden locker und die Feuchtigkeit erhalten bleibt. Sobald das Laub im Sommer verwelkt, ist Erntezeit. Die Zwiebeln werden dann aus dem Boden gezogen und bleiben zur Nachreife noch auf dem Beet liegen. Zur Erntezeit ist bereits die vorzeitige Aussaat möglich. Sie sollte jedoch auf einem anderen Beet erfolgen. Und zwar keimen die Samen noch im Sommer und bilden vor dem Winter kleine frostharte Pflanzen. Diese entwickeln sich im nächsten Frühjahr schneller als Pflanzen von der Frühjahrsaat und sind dann schon ab Juni erntereif. Eine Mischkultur ist mit Karotten, Salat, Tomaten, Gurken oder Erdbeeren möglich. Schlechte Nachbarn sind Kohlgemüse, andere Zwiebelgemüse und Hülsenfrüchte wie Bohnen und Erbsen.

Wertvolle Inhaltsstoffe

Der oben bereits zitierte Spruch: „Hat sieben Häute, beißt alle Leute" weist auf die Wirkung der Zwiebelöle hin, die sich besonders beim Schneiden verflüchtigen und den Tränenfluss anregen. Neben dieser schwefelhaltigen Aminosäure, die verdauungsfördernd wirkt, enthalten Zwiebeln ähnliche gesundheitsfördernde Stoffe wie der Knoblauch. Sie stärken das Herz-Kreislaufsystem, senken den Blutzuckerspiegel

Allium cepa, Speisezwiebeln

Allium cepa, Speisezwiebeln

und die Blutfettwerte, wirken antimikrobiell und blutgerinnungshemmend. Zwiebeln lassen sich vielfältig zubereiten (hacken, braten, kochen, dünsten) und zum Verbessern vieler Speisen nutzen. Allerdings können sie bei Haustieren Vergiftungen verursachen. Keinesfalls sollten Hunde mit Speiseresten gefüttert werden, die Zwiebeln enthalten.

Allium cepa, Speisezwiebeln

Inhaltsstoffe	
Mineralstoffe	*Calcium, Kalium, Magnesium, Natrium, Phosphor, Schwefel, Chlor*
Spurenelemente	*Eisen, Zink, Kupfer, Mangan; Fluor, Jod*
Vitamine	*Vitamin A, Vitamin C, Vitamin E, Vitamine B1, B2, B3, B5, B6, B7, B9*
Kohlenhydrate	*Fructose, Glucose, Monosaccharide, Saccharose, Disaccharide*
Ballaststoffe	*u. a. Lignin, Cellulose, wasserlösliche und wasserunlösliche Ballaststoffe*
Fett	*ca. 0,01 g (pro 100 g), u. a. ungesättigte Fettsäuren, Linolsäure, kein Cholesterin*
Eiweiß	*u. a. Aminosäuren, pflanzliches Eiweiß, 5 mg Purine (pro 100 g), 15 mg Harnsäure (pro 100 g)*

Porree
Allium porrum

Allium porrum, Lauch

Auch bei diesem Zwiebelgewächs ist die Mischkultur mit Karotten günstig. Sie halten die Zwiebelfliegen fern. Porree braucht gut gedüngten Boden, zumal er eine lange Entwicklungsdauer hat. Lange Schäfte bekommt man durch das Anhäufeln mit Erde. Winterporree kann bis zum Frühjahr auf dem Beet bleiben. Er ist frosthart.

llium porrum, Lauch

Schalotten

Allium ascalonicum

Diese Verwandte der Küchenzwiebel bildet Horste aus Tochterzwiebeln, die schmäler sind als Küchenzwiebeln. Sie schmecken würziger, sind früher reif und länger haltbar. Schalotten blühen, wenn sie nicht geerntet werden.

Allium ascalonicum, Schalotte

Schnittlauch

Allium schoenoprasum

Der Schnittlauch ist eine ausdauernde Staude. Er lässt sich beispielsweise bei der Dachbegrünung einsetzen oder als Kübelpflanze kultivieren. Bei der Kultur im Garten sollten die Pflanzen nicht zu sehr gerupft werden, damit sie austriebsfähig bleiben.

Allium schoenoprasum, Schnittlauch

Allium schoenoprasum, Schnittlauch, chives

Knoblauch

Allium sativum

Heilpflanze mit Tradition

Nach geschichtlichen Überlieferungen hatte der Knoblauch schon zur Zeit der alten Ägypter einen hohen Wert als Nahrungsmittel. Die würzigen Zwiebeln hielten die Arbeiter beim Pyramidenbauen fit. Wahrscheinlich halfen sie auch die lästigen Mücken zu vertreiben, die damals wie heute den Aufenthalt im Freien verleiden können. Die übel riechenden Ausdünstungen, die der Knoblauch verursacht, störten wohl kaum, zumal alle Personen zugleich Verursacher und Betroffene waren.

Ein probates Mittel gegen die schwefelartigen Knoblauchausdünstungen gibt es leider noch nicht, obwohl verschiedene Hausrezepte empfohlen werden. Weder Milch, noch Fenchelsamen, noch andere „Hemmer" können den penetranten Knoblauchgeruch, der durch alle Poren strömt, unterdrücken. Die einzige wirksame Methode der Geruchsverminderung besteht darin, die Knoblauch-Zehen kurz in heißem Wasser zu kochen und nach dem Blanchieren in Gläser mit Olivenöl einzulegen. Diese Zehen behalten ihren typischen Geschmack und den „Biss". Sie verursachen aber keine üblen Gerüche. Mit Gartenkräutern wie Thymian oder Liebstöckel und anderen Gewürzen je nach Geschmack lassen sich die eingelegten Knoblauchzehen noch aufwerten.

Schöne Heilpflanze

Der Wert dieser besonderen Zwiebelpflanze ist unbestritten. Knoblauchzehen enthalten unter anderem ätherische Öle, insbesondere das Allin, das eine bakterizide Wirkung hat. Knoblauch verbessert die Darmflora und dient als Hausmittel gegen Magen- und Darmbeschwerden. Bekannt ist der Wert des Knoblauchs als Heil- und Stärkungsmittel bei Kreislauf- und Herzbeschwerden. Selbstverständlich muss bei ernsthaften Erkrankungen der Arzt konsultiert werden. Nebenwirkungen – außer dem unangenehmen Geruch – sind selten oder unbedeutend. Angeblich soll der Knoblauch müde machen – insbesondere Menschen, die einen niedrigen Blutdruck haben. Das schadet aber kaum oder nur in Ausnahmefällen.

Kultivieren und verwildern lassen

Die Kultur im Garten ist recht einfach. Knoblauch lässt sich durch Zehen vermehren. Dazu können Zwiebeln aus dem Handel dienen, die zerteilt und dann in vorbereiteten Boden gesteckt werden. Besser sind Zwiebeln aus dem eigenen Garten oder regionale Züchtungen, die sich bereits bewährt haben. Der Standort sollte vollsonnig sein und auf durchlässigem Boden liegen. Wichtig ist ein guter Wasserabzug. Staunässe ist schädlich. Die Pflanzung von Knoblauch ist in Mischkultur mit anderen Gemüsen oder mit Erdbeeren möglich. Knoblauch soll eine pilzhemmende Wirkung haben, obwohl dies bislang nicht wissenschaftlich nachgewiesen ist. Jedenfalls stören sich die Pflanzen gegenseitig nicht. So breiten sich beispielsweise Erdbeeren flächig aus, während die Knoblauch-Schlotten nach oben treiben. Freie Pflanzflächen sind auch neben Rosen und anderen Zierpflanzen oder unter Obstbäumen und

Knoblauch, *Allium sativum*, Brutzwiebeln

Beerensträuchern zu finden. Recht dekorativ wirken Knoblauch-Sorten, die Brutzwiebeln entwickeln. Diese bringen im Sommer zwischen den grünen Schlotten lange Schäfte hervor, an denen kleine, vollwertige Zwiebelchen sitzen. Die können zur Vermehrung genutzt werden oder auch zum Kochen dienen. Pflanzzeit für Knoblauch ist im Spätsommer und Herbst oder im Frühjahr. Bei der Pflanzung im September oder Oktober wachsen die Zehen – wie andere Zwiebelpflanzen – noch vor dem Winter an und bilden bis zur Erntezeit im nächsten Jahr kräftige Knollen (Zwiebeln). Die Pflanzung ist auch im Frühjahr möglich. Dazu kommen die Zehen im Abstand von 15 bis 20 cm etwa 2 cm tief in gut gelockerten Gartenboden, der mit Kompost und Sand vermischt wurde. Die Zehen bilden Wurzeln und bringen dann die langen kantigen Blätter hervor.

Eine besondere Pflege ist neben der Bewässerung in Trockenzeiten nicht nötig. Die Erntezeit richtet sich nach der Laubwelke. Sobald sich die Schlotten etwa im August gelb färben, können die Zwiebeln geerntet und zum Nachtrocknen ausgebreitet werden. Der Knoblauch ist allerdings ausdauernd. Er kann viele Jahre auf dem Beet bleiben. Hier bilden sich zunehmend üppigere Horste (Bestände), die im Winter grün bleiben. Die Knoblauch-Kultur ist auch im Kübel möglich. Die vitalen Pflanzen gedeihen wie Schnittlauch oder Zwiebeln selbst in Balkonkästen, wenn sie reichlich Nährstoffe und Wasser bekommen.

Knoblauch, Allium sativum, Austrieb

Knoblauch, Allium sativum

Knoblauch einlegen

Zutaten:

250 Gramm Knoblauch
1/4 l Essig (Gurkenmeister)
10 Pfefferkörner
10 Pimentkörner
2 Lorbeerblätter
1 Nelke
2 Teelöffel Zucker
2 Schnapsgläser Wasser

Zubereitung:

- 5 Minuten kochen lassen
- Knoblauch schälen und dazugeben
- kurz aufkochen lassen
- in Schraubgläser füllen
- mit Öl bedecken
- schließen

Knoblauch, Allium sativum, Zopf

Impressum

Copyright
Genehmigte Sonderausgabe für Universo
Universo ist ein Imprint des
Karl Müller Verlages – Silag Media AG,
Liebigstr. 1, 40764 Langenfeld